Oráculo da Harpa

Cláudia Miranda
Ilustrações de Janaína Caldeira

Oráculo da Harpa

Oráculo da Harpa @Cláudia Miranda, 2020
Edição @Crivo Editorial, 2020
Ilustração: Janaína Caldeira
Revisão: Augusto Oliveira
Diagramação: Camila Malloy

**Dados internacionais de Catalogação na Publicação (CIP)
de acordo com ISBD**

M672o	Miranda, Cláudia
	Oráculo da Harpa / Cláudia Miranda. – Belo Horizonte, MG: Crivo Editorial, 2020.
	112 p.: il. ; 12,5cm x 15cm.
	Inclui índice e apêndice.
	ISBN: 978-65-89032-01-4
	1. Musicoterapia. 2. Harpaterapia.
	3. Espiritualidade. 4. Tarô. I. Título.
	CDD 615.85154
2020-2667	CDU 615.837

Elaborado por Vagner Rodolfo da Silva – CRB-8/9410
Índice para catálogo sistemático:
1. Musicoterapia 615.85154
2. Musicoterapia 615.837

Crivo Editorial
Rua Fernandes Tourinho, 602, sala 502
20112-000 – Funcionários – Belo Horizonte – MG
www.crivoeditorial.com.br
contato@crivoeditorial.com.br
facebook.com/crivoeditorial
instagram.com/crivoeditorial

Para Poã,
a gatinha preta com raios de Sol.

Introdução 6

Inspiração 8

Oráculo 12

Arquétipos 13

Harpa 15

Finalidade 20

Terapia 23

Harpaterapia Holística 25

Harpa Yoga 31

Círculo de Harpas 37

Escuta intuitiva 39

Cartas do Oráculo da Harpa 40

Imagens do Oráculo da Harpa 42

Leitura das Cartas 92

Processo 94

Interpretação das emoções 98

Dimensão interior 103

Síntese 106

Introdução

Uma vez, tocando harpa para um grupo de médicos homeopatas colegas do meu companheiro, uma médica na plateia teve uma visão ao me ouvir tocar. Viu um ser feminino muito esguio acima de mim e sobreposto a mim. Seus cabelos compridos em dégradé terminavam na altura e na cor prateada dos meus. Ela percebeu um tom violeta luminoso neste ser alado. Isso foi uma confirmação de que às vezes atuo como um simples canal para a manifestação de energias de dimensões de harmonia e amor.

Na origem dos tempos dos povos humanos, a medicina, as artes, a religião, a educação estavam intrinsecamente unidas. Representes de cada coletivo humano passavam por processos de observação de si, da Natureza e do Cosmos e se tornavam magos, sacerdotisas, bruxas, druidas, xamãs, pajés, curandeiras, bardos, menestréis, médicos, filósofos, professores, profetizas, adivinhos, pitonisas, místicos, yogues, mestres, orientadores, gurus. O conhecimento das ervas, dos ciclos da Natureza, dos movimentos das estrelas e astros levavam cada grupo de seres humanos a expressar seus mitos, suas cosmovisões e suas representações artísticas nas vestimentas, objetos e na música. Medicina, música, magia, conhecimento da Natureza, conexão com o Cosmos eram uma só manifestação. O canto e instrumentos de percussão, de sopro e de cordas sempre fizeram parte da música de diferentes povos. Existem variados tipos de harpa nos diversos continentes do planeta, em muitos lugares as harpas são consideradas elementos de comunicação com entidades não físicas que zelam pelos seres físicos. Com o tempo esses conhecimentos foram fragmentados por movimentos imperialistas de alguns povos, que usaram a religião e a ciência para dominar outros povos.

Atualmente, devido à destruição generalizada de valores que o planeta experimenta, muitas pessoas estão se tornando conscientes de que precisam reencontrar-se com sua ancestralidade, com a Natureza e com seu mundo simbólico. Como forma de conectar saberes presentes ainda perpetuados pelo legado ancestral, surgiu este Oráculo da Harpa – algo que pode ser e pode não ser terapia, pode ser e pode não ser processo de conexão com aspectos inconscientes e transcendentes e também pode ser e pode não ser expressão artística e inspiração musical. Ele é uma recriação que bebe das fontes universais mas que não se vincula a nenhum segmento específico.

Inspiração

Pergunta interna: "quem respira?" e a resposta: "eu vivo além da respiração, o corpo é meu elo neste plano e faço contato pela respiração".

Cada célula do corpo vivencia imensurável alegria e gratidão por ser respirada por uma Energia Maior. Ela vive neste corpo só para trazer a experiência de liberdade para as células. É livre e não precisaria mais estar aqui, no entanto está a serviço.

Paradoxalmente, Ela também está aprisionada num plano de amarras coletivas de onde não há como sair sozinho. Por isso, precisa ajudar na libertação dos demais. O plano material é viscoso e pegajoso, prende e anuvia.

Existe uma forma de transitar por múltiplas dimensões mantendo o elo com o corpo físico. A viagem pelas dimensões pode ser feita pelas frequências vibracionais que interligam os planos, as camadas das músicas. Existem superfícies de ondas vibracionais nas quais podemos navegar e por elas deslizar, voando e seguindo seu fluxo e por esse caminho podemos nos libertar.

A música é um dos elementos de libertação mais importantes

neste plano. O aprendizado neste caminho acontece quando se é chamado a percorrê-lo. Nem todos vão segui-lo, pois há várias outras possibilidades para as diferentes inclinações anímicas.

Alguns seres iluminados estão "untados" com uma película que os impede de se grudarem neste plano pegajoso e eles conseguem arejar o visco do plano terrestre abrindo espaços de luz. Nós estamos aprendendo com eles a também criar pequenos pontos luminosos no planeta. Às vezes conseguimos escapulir do visco e nos expandir até uma região menos densa e também, às vezes, até vamos ao cosmos, mas depois precisamos retornar.

Nossa missão é aprender a sair do corpo com lucidez e voltar, como um aprendizado antes da saída derradeira. Precisamos servir mantendo a consciência lúcida e expandida, pois a libertação será coletiva. Já existem muitas consciências vibrando frequências elevadas e arejando o plano denso com luz, espaço e superfícies deslizantes de música libertadora. A experiência é atemporal, desde que o mundo é mundo o embate de forças existe e o que acontece neste agora é o que sempre aconteceu e acontecerá. Não existe uma evolução hierárquica temporal. Tudo está aqui e agora. A consciência que meu cérebro percebe e registra é da minha individualidade que está conectada a outras consciências (humanas, animais, vegetais, minerais), nenhuma delas mais ou menos evoluída que a outra. Todos nos interligamos numa rede de ressonâncias harmônicas. Os seres chamados iluminados não se sentem mais evoluídos, simplesmente são o elo conosco para nossa ampliação de consciência para que possamos aprender com toda a vida.

Sou um ser espiritual numa experiência material e estou aqui para ajudar na ampliação da consciência por meio da música. Ao longo dos anos, tenho desenvolvido ferramentas para meu trabalho com Harpaterapia Holística e senti que era o momento de aprimorá-las compartilhando-as em uma publicação.

Uma dessas atividades é o Oráculo da Harpa. Inicialmente criei um baralho com cartas com nomes dos arcanos maiores do tarot e imagens relacionadas à harpa retiradas da Internet. Estava esperando a oportunidade certa de encontrar algum artista que pudesse fazer desenhos originais para mim. Já conhecia a Janaína Caldeira e a seguia no Instagram, quando um dia, ao ver um desenho postado por ela, veio-me a intuição de lhe pedir para ilustrar meu Oráculo. A partir daí este livro começou a se esboçar.

O processo interior e espiritual está intimamente conectado ao processo exterior e material. O amadurecimento de um aspecto influencia no outro e vice-versa. Uma árvore só consegue subir bem alto ao Céu quando suas raízes descem bem profundamente na Terra.

A maioria dos humanos hoje vive de forma inconsciente, sem saber que são marionetes de jogos econômicos que transformaram florestas em aglomerados urbanos. Estão desconectados da Natureza, de suas raízes e ancestralidade e com isso perderam a noção de que o ser, Natureza, Cosmos e o grupo de seres são uma unidade. Tornaram-se consumidores de mercadorias num mundo utilitário. É necessário manter a capacidade de refletir sobre a realidade de maneira lúcida. Perceber as contradições do nosso tempo, a história de explorações, saques e colonização presentes na desigualdade perversa do mundo atual. Saber que todas as dimensões da vida (economia, política, espiritualidade, alimentação, corporalidade, relacionamentos) são facetas para nosso aprendizado, autoconhecimento e são nosso campo para uma atuação o mais coerente possível.

Por isso procuramos trabalhar os arquétipos simbólicos de forma a deixá-los representativos da diversidade e pluralidade do nosso tempo. Optamos por usar o tempo verbal exprimindo ações ao invés de usar substantivos que iriam induzir-nos a visualizar os modelos como femininos ou masculinos. No tempo verbal, os arquétipos estão em contínuo movimento, numa proposta de estar no presente fluindo para um porvir. Banham-se de características da coletividade humana e com isso podem representar aspectos de uma imensa gama de pessoas.

Oráculo

A palavra oráculo está relacionada à profecia, revelação ou resposta dada por uma divindade a uma questão pessoal. Todavia, pode ser também uma ferramenta para a autoinvestigação e o autoconhecimento. Oráculos existem em vários povos da humanidade. Apesar de a palavra estar associada para muitos como previsão (ou adivinhação) do futuro, o oráculo pode trazer mais consciência para o presente para perceber o caminho que se descortina, curando crenças e ampliando a percepção da realidade.

Em geral, é necessário haver uma pessoa para intermediar o acesso ao oráculo com aquele que traz uma pergunta. A pessoa que vai fazer a leitura do oráculo precisa estar imbuída de amor incondicional, fazendo um trabalho em si mesma na direção do autoconhecimento e conexão com a sabedoria universal, silenciando julgamento e interpretações pessoais para abrir-se a uma compreensão mais ampla.

É um trabalho de sintonia com o mundo intuitivo, os sonhos e realidades paralelas.

Arquétipos

Os oráculos podem usar imagens arquetípicas como referência ou chaves para aguçar a percepção daquele que está fazendo a leitura. Os diversos tipos de tarot, o I Ching e tantos outros podem ser ferramentas para acessar o inconsciente coletivo (como estudado por Jung) e perceber a energia do campo da pessoa.

Arquétipos são modelos criados no mundo das ideias e que originam tudo o que existe. Representam motivos fundamentais da experiência humana e evocam profundas emoções. São informações e energias que motivam cada pessoa a dar crédito e valorizar determinados tipos de comportamento. Podem se revelar nos mitos, histórias, contos de fadas, jornadas de heróis, rituais, arcanos do tarot. São instrumentos livres, não pertencem a crenças, dogmas, religiões, podendo ser utilizados por todos, mesmo fora de contextos místicos.

Uma chave para adentrar a compreensão das disposições psíquicas inconscientes é por meio de imagens primordiais em forma de cartas. Esse tipo de oráculo funciona no princípio da sincronicidade. A leitura é feita a partir da escolha aleatória de cartas e o resultado é a mensagem que a pessoa precisa receber e vem carregada de profundo significado. A resposta não oferece uma solução mágica, mas traz chaves para compreender o próprio momento de maneira simbólica, como um sonho. Representa situações e apresenta um espelho para um caminho a ser trilhado.

As informações e energias dos arquétipos universais podem ter infinitas interrelações e interpretações de acordo com a perspeciva da observação e da ressonância com a individualidade e o momento que ela vem para a consulta.

Harpa

Os instrumentos musicais primordiais são arquetípicos, carregam em si significados relacionados aos elementos da Natureza e a expressões do ser.

Compartilhei algumas ideias sobre a harpa e a Harpaterapia no meu livro Tons de Cores e Sons – Matizes da Harpaterapia:

> Nas culturas em que foi utilizada, a harpa esteve associada a metáforas de espiritualidade, anjos, deuses, fadas, devas, sereias. No imaginário da humanidade, representa poderes de comunicação entre o mundo físico e extrafísico, sendo considerada especialmente adequada para os momentos da morte física.
>
> A forma e os sons da harpa são permeados de simbologia. Abrangem expressões globais de muitas dimensões, abarcando a totalidade do ser. Representam céu e terra, feminino e masculino, passado e futuro. Podem exprimir mensagens de anjos

(de "deuses", guias, hierarquias, mentores, amparadores) e assim trazem abertura à intuição, inspiração, espiritualidade e podem trazer conforto. Também podem representar a conexão com o céu, o além (antes de nascer e depois de morrer), a dimensão angelical de luz, sabedoria, alegria, tranquilidade, paz. Podem impulsionar sentimentos de confiança nos seres que nos protegem ao mesmo tempo que trazem o conhecimento do não saber, daquilo que não é revelado e está no porvir. Lembram asas e a sensação de poder de voar com leveza, sutileza e liberdade, como acontece nos sonhos lúcidos. Podem simbolizar uma âncora aterrada, enraizada, contrabalançando com a simbologia celeste. A harpa primordial veio de uma árvore, está ligada à origem de tudo, à Terra e ao Cosmos. Tem ligação com a Natureza e seu potencial de cura. Seus sons lembram elementais da água e do ar, remetem a mitos e lendas de fadas, sereias, magia.

Esse instrumento pode trazer sentimentos de beleza, encantamento, harmonia, suavidade, delicadeza, nobreza. Animais e plantas manifestam bem-estar ao ouvir seus sons, cães e gatos relaxam, plantas ficam mais vitalizadas. Suas curvas lembram a forma do corpo humano, especialmente o corpo feminino. Em contrapartida, podem igualmente representar um aspecto masculino por sua semelhança com o arco de um arqueiro que tem um alvo claro, autocontrole, autodomínio, coragem e força. Sua coluna traz a relação com a espinha dorsal. Simboliza alinhamento, ordem, precisão, leis matemáticas e proporções de harmonia. A forma do coração também pode ser associada à harpa. Para tocá-la é necessário abraçá-la. Tocar ou ouvir a harpa pode ajudar a desenvolver o amor, a energia do coração. Instrumentos de cordas promovem sentimentos de cordialidade, compaixão, bondade, cuidado, terapia, atenção inclusiva.

O uso da música na cura proporciona equilíbrio interior e harmonia, alinhando os seres a uma maior harmonia universal, a harmonia das esferas. O universo foi criado através da respiração e da vibração do som, e, portanto, os indivíduos podem ser influenciados pelo som e música.

A música tocada na harpa em várias culturas desde tempos pré-históricos fazia parte da celebração, lamentações, luto, harmonização e cura.

O uso da harpa dentro do contexto terapêutico originou a Harpaterapia. O som da harpa tem a capacidade de estruturar, de plasmar modelos arquetípicos, além de relaxar e criar uma atmosfera receptiva, pacífica e alegre. Tem efeito direto no paciente e promove mudanças profundas, pois o som tocado com a intenção curativa leva a pessoa a se reconectar com sua própria essência, que é conhecedora do seu próprio destino e objetivo de vida.

Essa forma de atendimento terapêutico tem sido usada em hospitais de reabilitação e de casos terminais para ajudar a promover a homeostase, trazendo mente, corpo e espírito a um estado de unidade. Harpaterapia não é entretenimento ou atmosfera musical. Não é um concerto paralelo. Ao se dar atenção total a cada paciente, presente e inclusiva, padrões de respiração são acessados, refletindo-se em sinais de alívio de tensão no corpo e expressão. Apresentações de música ao vivo são diferentes de músicas gravadas, pois a música ao vivo está totalmente relacionada com o ouvinte e pode ser mudada a qualquer momento. Ela é única, individualizada para a necessidade.

A harpa é uma professora em várias dimensões

Física: ensina a manter o físico ativo, organizando a postura e a respiração, trabalhando a flexibilidade dos dedos e o relaxamento.

Emocional: ajuda a observar as próprias emoções e a desenvolver a sensibiliade para a escuta melódica, rítmica e harmônica.

Cognitiva: trabalha a conexão entre os dois hemisférios cerebrais e ajuda na construção de novas sinapses com aprendizados motores, auditivos, visuais, proprioceptivos e outros.

Anímica: desenvolve a percepção energética vibracional de frequências sutis.

Interpessoal: promove a capacidade de compartilhar todo o aprendizado intrapessoal com outras pessoas, incentivando a capacidade de empatia e de colaboração.

Finalidade

Este Oráculo é um acessório para investigar perguntas profundas tais como: Qual é minha missão de vida? Estou aqui na Terra para fazer o quê? Quem eu sou realmente? Qual a minha essência? O que realmente me dá alegria e que eu gostaria de fazer sempre? O que me faz sentir vivo? O que me faz feliz? Como quero que os outros se lembrem de mim? Qual minha característica mais positiva? Como está meu Eu Integral?

Ele foi criado como parte de um processo de Harpaterapia, uma espécie de "Harpaterapia transpessoal breve", com o objetivo de facilitar o autoconhecimento.

Para se chegar a um equilíbrio são necessários passos e o primeiro deles consiste na constatação da necessidade de seguir em frente, na coragem e vontade de mudar. O passo seguinte é a aceitação do próprio ponto e compreensão da necessidade de ajuda (pode ser um terapeuta, livro, intuição). A partir daí há que se construir um vínculo com a nova proposta, amando o processo, se auto organizando com alegria até chegar num estado de harmonia, paz e liberdade de ser quem se é.

Percalços podem acontecer neste trajeto e podem se tornar autossabotagens, quando não se considera o processo interno prioritário. Investigações podem ser feitas: Que te faz lamentar? Sente-se injustiçada pela vida? Sente que os outros não te reconhecem? Tem baixa autoestima ou ambição por reconhecimento da sua super dotação? Por que tem compulsão? Para ser diferente e notada? Não se conforma com o meio-termo, a média, a normalidade? Observar se existem ganhos secundários que a impedem de uma transformação madura, como atenção da família, desculpa para não trabalhar nem se relacionar, não se responsabilizar; e se também há sentimentos de raiva, mágoa, vitimismo, culpa, trauma, crença de que não existe cura, de que é hereditário, genético, crônico.

Apesar das mudanças gerarem desconforto, um processo efetivo de transformação madura leva a ganhos reais como independência, coragem de enfrentar os desafios do trabalho e dos relacionamentos, responsabilidade, amor, aceitação, compreensão, bem-estar. Assim, chega-se ao conhecimento de que tudo tem cura, aquilo que é hereditário e genético é mínimo comparado com a herança multidimensional, a consciência escolhe a genética adequada para a tarefa que tem a cumprir, aquilo que é orgânico e crônico não precisa impedir a realização da tarefa de vida da pessoa.

O processo de autoconhecimento deve ser feito com amor, buscando novo ritmo, novos hábitos mentais, nova sintonia. Ferramentas como este livro ajudam as pessoas a se organizarem com alegria, para se equilibrarem e serem quem elas devem ser.

Terapia

É a tentativa de correção de um problema de saúde, geralmente na sequência de um diagnóstico médico. Terapia preventiva ou terapêutica profilática é um tratamento que se destina a prevenir que uma condição médica ocorra. A terapia de suporte não trata ou melhora a condição subjacente, mas sim aumenta o conforto do paciente com cuidados paliativos.

Terapeuta e cliente trabalham juntos como uma equipe, conjuntamente escolhendo metas terapêuticas, construindo uma conceituação adequada de seus problemas e desenvolvendo planos para mudança. O melhor é que ambos sejam ativos e interativos dentro do relacionamento terapêutico. O paciente também deve ser ativo fora da sessão como um observador (de si mesmo e do ambiente), um repórter de experiências (relatando o que foi vivenciado) e um experimentador (testando as hipóteses levantadas e praticando os exercícios combinados).

A música é usada em vários contextos terapêuticos. A Musicoterapia aprofundou a forma de uso da música com a finalidade de ajudar as pessoas em processos de equilíbrio físico, emocional, cognitivo, social, comunicacional, entre outros. O fato de eu ter feito essa formação me deu mais estrutura para meu trabalho e ampliou muito as possibilidades para eu atuar, inclusive trazendo-me o conhecimento da linguagem do mundo acadêmico, tão importante e necessária.

Também estudei um pouco de terapias holísticas e terapia de som que me trouxeram um olhar complementar à minha formação acadêmica.

Alinhando todos esses conhecimentos, fiz a formação em Harpaterapia pelo International Harp Therapy Program e hoje reúno tudo o que aprendi na prática da Harpaterpia Holística.

Harpaterapia Holística

A Harpaterapia tem sido usada em contexto hospitalar, em atendimentos clínicos, com animais e de diferentes formas. Desenvolvi um trabalho chamado Harpaterapia Holística, no qual insiro a Harpaterapia em sinergia com outras práticas terapêuticas.

Às vezes agrego ao atendimento a cromoterapia, usando luzes ou lenços de diversas cores. Também posso usar compressas quentes em algum órgão do corpo mais necessitado, para trazer um aconchego inicial para o processo de receber os sons da harpa. Outra forma para preparar a pessoa é usar a terapia de som com instrumentos de percussão (tambor xamânico, maracás), efeitos sonoros (sementes, pau de chuva, ocean, flauta xamânica), sons vibroacústicos (tigelas tibetanas), etc. Assim, a pessoa entra numa frequência vibracional de ondas Alfa (relaxamento) ou até mesmo Delta (sono) e se prepara para depois ir para as ondas Theta (frequência dos sonhos e insights) e ouvir a harpa.

Na sessão de Harpaterapia, a harpa é tocada de forma mais livre, nem sempre se tocam músicas estruturadas. Fazem-se improvisos direcionados para a pessoa que vem receber a sessão, baseados no ritmo de sua respiração e batimentos cardíacos e no tom de sua voz, o tom ressonante. Os improvisos podem seguir escalas e proporções dos modos musicais.

Alguns conceitos compartilhados no meu livro Tons de Cores e Sons – Matizes da Harpaterapia constituem a base dos atendimentos realizados:

> Modo é a maneira, forma, feitio, jeito, caráter, tendência, temperamento de se estruturar sons da escala. Os chamados Modos Gregos são maneiras de formar escalas diatônicas. Cada modo tem uma sonoridade, um sabor específico, um ethos ou caráter moral. Assim, cada modo se relaciona a certas qualidades de temperamento, humor, tendência, jeito, forma, maneira, caráter e modo das pessoas, sendo algumas mais apropriadas à vida coletiva do que outras.
>
> Os modos musicais receberam os nomes das regiões da Grécia onde eram mais familiares (Jônio, Dórico, Frígio, Lídio, Eólio). Posteriormente foi incluído o modo Lócrio. Cada modo tem uma estrutura diferente de formar uma escala e isso lhes confere uma característica bem distinta e singular que traz como

consequência uma sensação e resposta sensível com um sabor próprio.

Cada modo tem uma estrutura de intervalos de tons ou de meios-tons distinta. Seguindo a escala natural, o primeiro modo começa em dó, é chamado Jônio e tem a seguinte estrutura (T=tom, m=meio-tom): TTmTTTm. O segundo modo, Dórico, começa em ré: TmTTTmT. O terceiro, Frígio, começa em mi: mTTTmTT. O quarto, Lídio, começa em fá: TTTmTTm. O quinto, Mixolídio, começa em sol: TTmTTmT. O sexto, Eólio, começa em lá: TmTTmTT. O sétimo, Lócrio, começa em si: mTTmTTT. Os modos podem ser colocados numa gradação dos mais constritos, apertados, diminutos e densos aos mais expansivos, abertos, aumentados e rarefeitos na seguinte ordem: lócrio (si), frígio (mi), eólio (lá), dórico (ré – é o mais equilibrado), mixolídio (sol), jônico (dó) e lídio (fá).

Na música moderna, são usados apenas dois modos, o maior (derivado do modo Jônio) e o menor (derivado do modo Eólio), que têm relação direta com expansão e recolhimento, respectivamente.

Lócrio: Soa estranho aos ouvidos, não oferece ponto de apoio. Podemos usar esse modo em momentos terminais antes da última respiração. Pacifico, é misterioso, promove mudanças.

Frígio: Tem qualidade introspectiva e pode ter caráter apaixonado quando é tocado em ritmo rápido (como o estilo flamenco). Traz um pouco de melancolia, é bom para os pacientes que precisam chorar e tem efeitos laxantes. É dramático, apaixonado, como uma chuva, suave, solene, melancólico.

Eólio (originou a escala menor): É profundo. Bom para pacientes que se deitam na posição fetal. Poético, calmo, etéreo, ajuda em rememorações.

Dórico: Traz disposição e equilíbrio. É usado em hospitais para pacientes que querem andar. Para pessoas desorientadas, crianças com TDH. Foi usado em cantos gregorianos, se relaciona com trabalho duro, jardim zen, rituais.

Mixolídio: Muitas músicas celtas usam esse modo. Traz imagens do mar, sugerindo um pulso suave e contemplativo. É reflexivo, aberto. Também usado na música folclórica nordestina.

Jônio (originou o modo maior): Usado especialmente para bebês em UTIs. É muito familiar, feliz, pacífico, curioso.

Lídio: Tem caráter caprichoso, alegre, dançante, luminoso, enérgico. É bom para pacientes que estão felizes.

Modo Angélico: Além dos 7 modos acima, há também o modo angélico, nome usado na Harpaterapia para o modo pentatônico, com 5 notas espaçadas em tom, tom e meio, tom, tom e meio e tom. Expressa qualidades de beleza, suavidade, delicadeza, magia.

A Harpaterapia pode se constituir em um atendimento pontual, que necessariamente não tenha continuidade em certos casos. Todavia, o ideal é que seja feita uma série de atendimentos concatenados, num processo de aprofundamento. Nos meus atendimentos com Harpaterapia Holística, a prática me levou naturalmente a desenvolver um método de anamnese (entrevista ou diagnóstico inicial) usando a simbologia dos arquétipos. O objetivo é fazer uma leitura energética da pessoa de forma sintética para que o atendimento possa se individualizar ainda mais, abarcando múltiplas dimensões do ser e se constituir num processo terapêutico breve. A tentativa é conseguir perceber de forma concisa como está a situação da pessoa nas dimensões: física (saúde, mobilidade, percepção sensorial, coordenação motora), emocional (humor, sensibilidade, apreciação), comunicacional (família, amizades, lazer, expressão verbal), social (prática dos ideais, generosidade, relações), cognitiva (percepção, pensamento próprio, reflexão), musical (prazer musical, percepção), espiritual (crenças, devoção, assistencialidade) e autoconsciência (autoconhecimento, síntese pessoal).

Harpa Yoga

A senda do Som é um processo da união da mente individual com a consciência cósmica através do fluxo de sons. Baseia-se na premissa de que todo o cosmo e tudo o que existe no cosmos consiste de vibrações sonoras. Por meio de sons audíveis, o ser humano pode, de forma direta, acalmar as ondas mentais, aprofundar-se no autoconhecimento, experimentar o estado de união e finalmente conhecer sua essência.

Tudo é Yoga, como disse Sri Aurobindo, a vida é Yoga, porém há práticas específicas que são os caminhos de menor resitência para diferentes pessoas para chegarem à união. Tradicionalmente na Índia, os principais tipos de Yoga são: Karma Yoga, a senda da ação abnegada; Hatha Yoga, a senda das práticas físicas; Bhakti Yoga, a senda da devoção; Jnana Yoga, a senda do conhecimento, Raja Yoga, a senda da mente, por meio da meditação; Nada Yoga, a senda por meio do som, entre tantos outros. Todos os caminhos levam para a união com Brahman.

Também são indicadas práticas de posturas específicas ou Asanas, gestos com poderes de símbolos ou Mudras, regulação da respiração ou Pranayama, controle dos sentidos para acalmar a mente (Pratyahara, Dharana, Dhyana) com o fim último de se chegar ao Samadhi ou estado de supraconsciência.

A senda do Som é um caminho com várias ramificações. Nāda Yoga ou Yoga do Som é um antigo sistema metafísico e filosófico indiano. É o processo da união da mente individual com a consciência cósmica através do fluxo de sons, ou Nāda. Baseia-se na premissa de que todo o cosmo e tudo o que existe no cosmos consiste de vibrações sonoras. Som e música desempenham um papel intermediário para alcançar uma unidade mais profunda com o cosmo externo e interno, a experiência da consciência pura que transcende a mente e o corpo (Samadhi). No processo para experimentar a consciência pura, o indivíduo descobre a união do corpo e mente (Atman ou alma), e a expansão de Atman em Brahaman.

Nāda é uma palavra afim com a palavra Nadi (que significa canais de energias sutis). Nāda é rio de vibrações sutis. Tudo o que está no universo existe no ser humano. Por meio de sons audíveis, o ser humano pode alcançar de forma direta o objetivo de acalmar as ondas mentais, experimentar o estado de união e finalmente conhecer sua essência. Nāda Yoga, ou a maestria das vibrações sutis, pode oferecer uma chave para este fim.

O som afeta a consciência mais diretamente. As vibrações

sonoras podem ser usadas de forma consciente para direcionar a energia. Elas ocorrem em todo o universo, desde as vibrações mais lentas até as mais velozes, desde a matéria, o infrassom, sabores, odores, sons (toda a escala sonora), ultrassons, ondas de rádio, micro-ondas, ondas de calor, ondas de infravermelho, ondas da luz visível (todo o espectro de cores), ultravioleta, raios-x, raios gama até chegar às energias espirituais.

Fisicamente, o Som é uma onda (ou conjunto de ondas) que se propaga no ar com uma freqüência específica. Na faixa entre 20 a 20.000 Hz, o ouvido humano é capaz de vibrar na mesma proporção das ondas sonoras, captando as informações sobre as frequências e produzindo sensações neurais, às quais o ser humano dá o nome de Som, ou seja, qualquer vibração percebida pelo sistema auditivo e tem qualidade subjetiva. Quando o Som tem uma frequência vibratória exata, ele é reconhecido como Tom, com altura e contorno melódico, e pode ser registrado como nota. Tecnicamente, um ruído é a mistura de sons indefinidos. O ruído é percebido pela impressão sensorial.

Quando tons e tempos específicos se associam forma-se a música. Música é a ordenação intencional de sons e silêncios que é percebida como unidade porque é possível tocá-la, cantá-la, ouvi-la e ter a sensação de ser tocado por ela a um só tempo.

O termo Sangita diz respeito à expressão tríplice da música

em vocal, instrumental e dança. Assim o Nāda Yoga pode ser feito por meio de trabalhos com a Voz, com instrumentos musicais ou com dança. Swara (nota ou tom) viaja no espaço, juntamente com o Tāla (batida) que define o tempo. Juntos formam os pilares da existência e da música. Nāda Yoga se funde em Nāda Brahma, o som que tudo permeia, quando o eu e a consciência primordial se tornam um só.

No Yoga da Voz se usam Mantras, Bhajans e Kirtans. Mantras são os versos dos Vedas, têm uma estrutura muito definida com a finalidade de transmitir um ensinamento e não a musicalidade. São instrumentos para a liberação da mente. Normalmente com poucos tons melódicos e iniciados pelo som OM que é uma reverência ao Absoluto.

Dhrupad é uma forma antiga da música clássica indiana, originada no canto de hinos védicos e mantras. É uma arte complexa com elaborada gramática e estética, e é uma forma de veneração ao divino através do som. Pratica-se a consonância do Samvād, com o Sa, a tônica na qual todos os sons estão presentes, por meio da expressão vocal ou com o instrumento Tanpura.

Na forma clássica, todas as práticas de Yoga seguem estruturas tradicionais milenares. Na concepção moderna do Yoga Integral, a intenção do praticante e o estado que ele consegue atingir de união é que vai determinar se sua prática pode ou não ser considerada Yoga. Nesse sentido, o aprendizado da harpa (um instrumento não tradicional indiano), se praticado com o fim de se atingir o Conhecimento de Si e a união com o Absoluto, pode ser Harpa Yoga.

Tocar harpa é um caminho de autoconhecimento e de possibilidade de servir terapeuticamente, é um caminho de união, um yoga. Meu objetivo é tocar a harpa de forma consciente, lúcida, presente no aqui e no agora, plena e assim experimentar paz e harmonia para me perceber ponte entre mundos e dimensões. A partir daí busco entregar-me a um caminho mais profundo, de Conhecimento do Ser. Nesse caminho, já não importa se o resultado agradará ou não artisticamente, se ensinará ou não, se agirá terapeuticamente ou não. Importarão as transformações profundas, a possibilidade que o instrumento tem de propiciar condições para que indagações ocorram e levem a uma revelação interna. Na busca da união, a expressão será o que já é.

A harpa, por ser um instrumento que promove profundo relaxamento, pode ser usada no Yoga Nidra, que é o yoga do sono consciente. O relaxamento que ocorre em uma hora de Yoga Nidra corresponde a 4 horas de sono normal. É aconselhado a pessoa ficar na postura do morto (ou asana Shavasana), deitada de costas num tapetinho no chão com pernas esticadas e separadas uma da outra, braços soltos e esticados do lado do corpo.

Pode-se colocar uma venda nos olhos e, se necessário, um apoio na cabeça. É bom estar com o corpo aquecido para o relaxamento ser mais intenso. O Oráculo da Harpa pode ser usado antes ou depois de uma sessão de Yoga Nidra com a harpa.

Círculo de Harpas

O processo individual de autoconhecimento por meio do aprendizado de um instrumento musical, no caso, a harpa, completa-se quando pode ser compartilhado num coletivo. Tocar junto é tecer um sonho comum, compartilhar a magia de construir harmonia e vivenciar a abundância da reunião de dons.

Um círculo de harpas é uma configuração da geometria sagrada, uma mandala onde várias pessoas tocam juntas, em uníssono, cânone ou polifonia, podendo incluir suas vozes e outros instrumentos.

Nos círculos de harpas, os integrantes se preparam técnica, energética e conscientemente para depois compartilharem o trabalho musical em hospitais, casas de idosos, creches, abrigos de animais, praças públicas, grupos de meditação e muitos outros.

As pessoas são convidadas a perceber a conexão que os instrumentos musicais têm com a Natureza, uma vez que são feitos de elementos naturais. A harpa tem sua caixa de ressonância feita de madeira (reino vegetal), cordas de nylon (reino animal fóssil), pinos de metal (reino mineral). Também são incentivadas a reconhecer o poder das frequências vibracionais e a se sintonizar com as menores partículas formadas por pequenos filamentos de energia. Esses quarks assemelham-se a pequenas cordas que vibram em diferentes padrões, produzindo tudo o que existe neste mundo. Esse é o princípio da Teoria das Cordas e funciona num universo com dez dimensões de espaço e uma de tempo. No círculo de harpas, princípios quânticos estão alinhados com a subjetividade das expressões que conectam cada pessoa a um espaço sagrado.

Juntas, elas tecem uma rede de confiança, cuidado, amor, autorresponsabilidade, respeito, compromisso, clareza, confidencialidade, foco, intenção, comunicação, apoio e assistência.

Escuta Intuitiva

Escuta intuitiva é uma habilidade que só a própria pessoa pode ensinar a si mesmo. O benefício da escuta intuitiva permite entrar em contato com a voz interior, a intuição ou pressentimento sobre o que fazer e o que está acontecendo no momento. Quando tudo mais falhar, ainda é possível contar com esta habilidade para guiar-se através de uma sessão de terapia com a música. Antes de uma sessão é necessário uma preparação, limpando-se de toda bagagem pessoal. É necessário criar um momento fresco, que nunca aconteceu antes e nunca vai acontecer de novo e entrar lá, sem sentimentos ou pensamentos prévios, como uma folha em branco.

A atenção por si só é uma forma poderosa de ressonância. Atenção inclusiva é a escuta profunda, o processo de acalmar e centrar-se para tornar-se consciente da própria experiência, tanto de si quanto da pessoa que está com você. É um estado meditativo multidimensional e não linear. Praticar a atenção inclusiva com toque, movimento e som, sem expectativas e aberto ao inesperado é um caminho para ficar diante de um Oráculo.

Cartas do
Oráculo da Harpa

Desenvolvi um baralho com 24 cartas simbólicas, com desenhos em diferentes matizes relacionados à harpa. A pessoa que vem para a sessão é convidada a tirar 5 cartas que são colocadas na mesa em forma de cruz para a leitura energética do motivo pelo qual ela busca aquele atendimento. As cartas são inspiradas em arquétipos universais (presentes nos arcanos maiores) e nos arquétipos da harpa, e essa fusão de simbologias faz com que a leitura seja mais sutil e voltada para os aspectos internos da pessoa, sobre sua alma.

Os arquétipos escolhidos se relacionam a impulsos básicos ou ações.

Imagens do
Oráculo da Harpa

A imaginação é uma ponte para a inspiração e para a intuição. Imagens fazem a mente viajar e tatear experiências complexas que não podem ser traduzidas por uma única palavra, pois precisam de um contexto de representações para serem transmitidas. A arte tem um papel importante para o acesso a realidades intangíveis. Falar de arquétipos é adentrar o mundo de representações simbólicas.

Cada carta traz em si um conjunto de energias sobrepostas, como frequências de um acorde. Somam o significado da palavra que a intitula ao arquétipo significante que a ela subjaz, unindo a cor básica como referência a todos os detalhes do desenho que a ilustra. Assim, a carta possibilita um leque imenso de interpretações que pode caminhar mais em uma ou outra direção e assim oferece liberdade para o mundo intuitivo se expressar.

Além disso, as ilustrações conferem materialidade à abstração de conceitos e assim trazem o pertencimento do imaterial ao seu próprio tempo e às suas questões.

Em cada carta há a representação de uma harpa como um convite a fazer um percurso por diferentes culturas e temporalidades para que se reconheçam diversidades das expressões humanas e possibilidades de interações.

Essas imagens conferem originalidade na leitura e nos impulsos de transformação que vão estimular.

1. Ousar

Vou para um novo início, com abertura, admiração e despojamento.

Arquétipo: **O Louco, Puro.**
Na cor laranja avermelhado, a imagem de um ser criança/adulto na companhia de um cãozinho carregando uma harpa florida e lúdica em uma mão e um embrulho na outra. Representa o impulso misterioso que habita dentro de cada um de nós e que nos impele ao desconhecido, ousado, inusitado e criativo.

2. Confrontar

Humildemente reconheço meus aspectos mesquinhos e vergonhosos e deles me liberto.

Arquétipo: **O Diabo, Hedonista.**
Na cor vermelha, a imagem de um ser ambíguo, com chifres e asas dependurado em uma harpa. Indica confronto com a sombra e desejos ocultos.

3. Coordenar

Conheço os princípios que regem o mundo, ajo com ética sabendo orientar quando é necessário.

Arquétipo: **O Imperador, Líder.**
Na cor vermelho bonina, a imagem de um ser íntegro, forte, sábio e luminoso carregando uma planta/feto/harpa. Representa paternidade, liderança e ética. As flores evocam uma nova forma de coordenar mais colaborativa que integra feminino e masculino.

4. Harmonizar

Tempero meus sentimentos e relacionamentos, busco cooperar, concilio e combino para amenizar conflitos.

Arquétipo: **A Temperança, Mediador.**
Na cor magenta, a imagem de um ser despido com cabelos floridos tocando uma harpa. Representa harmonia, temperança, mediação.

5. Desapegar

Permito que crenças que não mais ressoam em mim se desmoronem.

Arquétipo: **A Torre, Desapegado.**
Na cor vinho, a imagem de uma anciã ancestral tocando uma harpa. Representa a quebra de formas e padrões vigentes.

6. Sensibilizar

Sinto a conexão com o transcendente e transmito minha percepção em forma de arte.

Arquétipo: **A Lua, Artista.**

Na cor violeta rosado, a imagem de um ser alado com asas de harpa voando com um beija-flor. Simboliza contato com profundezas fluidas do inconsciente.

7. Terminar

*Aprendo a não sentir dor quando
algo deve finalizar.*

Arquétipo: **A Morte, Revolucionário.**
Na cor azul violeta, a imagem de um ser de
costas com os cabelos compridos e cabeça
baixa tocando uma harpa. Simboliza algo
que deve finalizar.

8. Integrar

Vivo um período de realização e completude antes de me preparar para nova transformação.

Arquétipo: **O Mundo. Integrado.**

A imagem de uma harpa no fundo violeta rodeada pelo Oroborus, a serpente que abocanha a própria cauda. Simboliza realizações, completude.

9. Transmutar

*Voluntariamente decido me sacrificar
pelo benefício de algo mais valioso.*

Arquétipo: **O Enforcado, Rebelde.**
Imagem de um ser dependurado, de cabeça
para baixo, tocando harpa na cor azul escuro.
Indica sacrifício voluntário em benefício
de algo maior.

10. Sacralizar

Honro meu mundo interior,
pois sei no meu coração que algo
mais amplo me conduz.

Arquétipo: **A Sacerdotisa.**
Na cor azul índigo, um ser vestindo um
manto com simbologias cósmicas toca
uma harpa ancestral. Representa o sagrado
mundo interior.

11. Rodar

Constato que tudo gira e se move seguindo ciclos que se regem por leis sábias.

Arquétipo: **A Roda da Fortuna, Afortunado.** Imagem de um ser dançando e movimentando uma espiral de energia em cujo centro está uma harpa na cor azul cobalto. Representa mudanças e conhecimento do destino.

12. Discernir

Conflitos internos e forças mal resolvidas são trazidos à luz pelo meu discernimento.

Arquétipo: **O Carro, Herói.**

Na cor azul, a imagem de um gato sagrado egípcio entre duas harpas. Representa conflitos gerados pelas partes instintivas.

13. Curar

Em meio aos males,
alio-me à esperança
que tudo pode remediar.

Arquétipo: **A Estrela, Curador.**
Na cor azul celeste, a imagem de um ser
feminino sobre as águas, vestido com figuras
de estrelas e segurando uma esfera em cujo
interior está uma harpa. Indica fé, esperança
e capacidade curativa.

14. Sonhar

*Permito-me experimentar o inusitado
e viajar por outras dimensões do meu ser.*

Arquétipo: **não relacionado aos arcanos.**
Na cor verde azulado, a imagem de um gato
tocando uma harpa e outros dois gatos
brincando com flores ao seu redor. Indica
intuição, inspiração, outras realidades.

15. Equilibrar

Minhas decisões são justas,
pois busco compreender os vários
ângulos de uma questão.

Arquétipo: **A Justiça, Justo.**

Na cor verde escuro, a imagem de um ser indígena equilibrado em uma árvore/harpa, rodeado de plantas e com uma arara no ombro. Representa justiça, pensamento equilibrado e imparcial.

16. Saber

Recolho-me no centro do meu ser e medito para conhecer a paz e sabedoria.

Arquétipo: **O eremita, Sábio.**
Imagem de uma mulher asiática tocando harpa com um vestido de pétalas e folhas, com a cor verde musgo predominando. Representa sabedoria, fruto da solitude e reflexão.

17. Ensinar

*Sei que nada sei e assim procuro
e investigo. Outros podem se inspirar
em mim para suas buscas.*

Arquétipo: **O Hierofante, Mestre.**
Um elfo celta toca uma harpa debaixo de uma árvore, num fundo verde. Representa o mestre, a filosofia e terapias curativas.

18. Renovar

*Meus esforços são recompensados
e assim vivencio nova etapa.*

Arquétipo: **O Julgamento, Renovado.**
Na cor verde amarelado, uma sereia toca uma
harpa em forma de cavalo marinho. Indica
renovação e recompensa pelos esforços.

19. Iluminar

*O sol me ilumina, trazendo otimismo
para eu irradiar sua luz.*

Arquétipo: **O Sol, Iluminado.**
Na cor amarelo claro, a imagem de uma
harpista na posição de Yoga em frente a
uma flor de lótus solar. Representa clareza,
otimismo, planejamento.

20. Criar

Nutro, cuido, acompanho tudo
que a Natureza criou.

Arquétipo: **A Imperatriz, Mãe.**
A imagem de uma matriarca andina num
fundo amarelo com sua harpa e um bebê
nas costas. Representa maternidade, cuidado,
relação com a terra e com os filhos.

21. Focar

Direciono minha energia para prioridades que consideram o bem-estar de todos.

Arquétipo: **não relacionado aos arcanos.** Na cor amarelo ouro, a imagem de uma arqueira cujo arco é uma harpa, se preparando para lançar a flecha, com sua atenção no alvo. Representa autocontrole e autodomínio.

22. Amar

Escolho pelo coração, que é puro altruísmo, verdade e bondade.

Arquétipo: **Os Enamorados, Amante.**
Na cor rosa pêssego, a imagem de um casal dançando. Fios entre os braços e pernas do ser que está sendo carregado formam cordas de uma harpa. Representa as escolhas feitas a partir do coração.

23. Manifestar

Um potencial criativo está disponível
e pronto para mostrar que a magia é real.

Arquétipo: **O Mago.**
A imagem de duas harpas formando
uma âncora no fundo laranja amarelado.
Representa a força de materialização e
criação, mostra a presença da intuição,
do guia ou do mago interno.

24. Encorajar

Administro minhas emoções descontroladas com autodisciplina. Desenvolvo força e coragem em mim antes de transmiti-las aos outros.

Arquétipo: **A Força, Corajoso.**
Na cor laranja, a imagem de uma nobre africana tocando uma harpa ancestral. Representa a coragem para domar a força.

Leitura das cartas

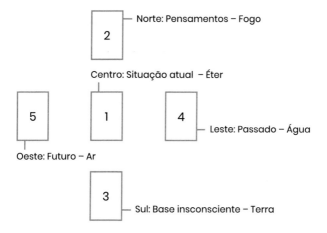

Após embaralhar as cartas, a pessoa que veio para a consulta corta o baralho com sua mão esquerda e a harpaterapeuta dispõe as 5 primeiras cartas sobre a mesa viradas para baixo em forma de cruz. Uma por uma, numa ordem específica, as cartas são viradas e interpretadas.

A posição das cartas retiradas mostra:

1. O motivo pelo qual a pessoa procurou o atendimento.
   Elemento Éter

2. A base inconsciente por trás do motivo racional.
   Elemento Terra

3. As elucubrações mentais por cima do motivo racional.
   Elemento Fogo

4. As influências do passado.
   Elemento Água

5. As perspectivas de solução para a questão apresentada.
   Elemento Ar

Processo

Antes de tudo, é necessária uma preparação:

Ficar no Agora:
Sentar-se calmamente com a harpa e a voz;
Se necessário, concentrar-se na respiração para ajudar;
Trazer o foco para dentro e sua relação com a terra
(aterramento);
Limpar a mente.
Esperar e ouvir;
Prestar atenção ao que vem (quaisquer impressões);
Seguir a primeira inclinação/intuição.
Notar o impulso de mover e segui-lo.

O ambiente para a Harpaterapia com o Oráculo da Harpa deve ser cuidado amorosamente. Cada detalhe deve ser observado:

Limpeza física e energética;
Luminosidade adequada, pode-se deixar uma vela acesa
representando o elemento Fogo e/ou uma lâmpada colorida;
Aromatização com óleo essencial ou um bom incenso
para representar o elemento Ar;
Som de fundo de uma fonte de água, para representar
o elemento Água;
Maca ou tapetinho aconchegante, com travesseiro e manta para
a pessoa deitar-se confortavelmente;
Ter algum cristal como representação do elemento Terra;
Harmonia, simplicidade, beleza, suavidade nos objetos;
Mesa com duas cadeiras uma em frente à outra
para a leitura das cartas;
Chá ou água à disposição.

A representação dos Elementos na sala deve estar imbuída de significado interno para a harpaterapeuta:

Fogo: energia da ancestralidade disponível para queimar, soltar, transformar e acender processos.

Vento: energia presente na respiração, para expressar sentimentos.

Terra: energia que nutre, constrói, sustenta para acolher a pessoa.

Água: para limpar, hidratar e ajudar na fluidez do trabalho.

Éter: energia sutil que inspira, ilumina e orienta a sessão.

Ao chegar à sala de atendimento, a pessoa irá retirar seus sapatos e se sentar à mesa para a consulta das cartas. A harpaterapeuta irá sempre perguntar se a leitura faz sentido para a pessoa para ela participar ativamente das informações que estão chegando, trazendo-as para sua consciência e integrando-as para perceber seu sentido.

A harpaterapeuta, além de fazer a leitura dos arquétipos em voz alta para a pessoa, também fará uma leitura interna do seu tom de voz e das suas emoções por sinais indiretos vindos das cores das cartas e outras manifestações observadas. Com esses elementos planeja como conduzirá a sessão.

Convidará a pessoa a se deitar, proporcionando-lhe bem-estar e começará a sessão usando os instrumentos que intuir para criar um campo receptivo. Nesse momento a harpaterapeuta irá observar o ritmo respiratório da pessoa. Depois, tocará a harpa em improvisos seguindo seu tom ressonante e ritmo respiratório. Dessa forma, criará um percurso musical pelos modos musicais desde a emoção mais desarmoniosa percebida na pessoa até a mais equilibrada, fazendo as modulações pelas quintas, de forma contínua e ininterrupta.

Ao final, suavemente chamará a pessoa para voltar e a deixará se manifestar. Neste momento, poderá oferecer um chá para fazer o fechamento da sessão.

Interpretação das Emoções

As cores das cartas 4 e 5 revelam emoções e dão um direcionamento para o trabalho musical a ser feito, no qual as emoções são interpretadas como modos musicais (graduados desde os mais constritos até os mais expansivos) concatenados em modulações que permitem adentrar-se a emoções intensas para harmonizá-las. A harpa celta fica afinada em Mi bemol e os modos usados têm sempre a tônica no Ré.

Emoção de tristeza
desenvolver autonomia

Emoção de surpresa
desenvolver perdão

Emoção de nojo
desenvolver independência

Emoção de medo
desenvolver paz

Emoção de raiva
desenvolver coragem

Emoção de confiança
desenvolver compreensão

Emoção de afeto
desenvolver gratidão

Emoção de alegria
desenvolver inspiração

Os 24 matizes são agrupados em 8 grupos de cores e se relacionam a um modo (cada um abarcando mais 2 matizes somando 3 em cada grupo)

Vermelho, Laranja Avermelhado e Bonina:
Emoções de raiva, ira, aborrecimento, apreensão, revolta, indignação, agressividade. Energia do Fogo. Modo Lídio (Ré Lídio em Lá Maior).
Desenvolver Coragem.

Magenta, Vinho e Violeta Rosado:
Emoções de nojo, repugnância, desprezo, tédio, inveja, vergonha, culpa. Modo Lócrio (Ré Lócrio em Mi bemol Maior).
Desenvolver Independência.

Violeta, Azul Violeta e Azul Escuro:
Emoções de tristeza, depressão, melancolia, angústia, timidez. Energia da Terra. Modo Eólio (Ré Eólio em Si bemol Maior).
Desenvolver Autonomia.

Azul Índigo, Azul Cobalto e Azul:
Emoções de surpresa, admiração, expansão, lucidez, atenção, cautela. Modo Pentatônico ou Angélico (Enarmonia de Ré sustenido com Mi bemol e Sol sustenido com Lá bemol).
Desenvolver Perdão.

Azul Celeste, Verde Azulado e Azul Escuro:
Emoções de medo, pânico, ansiedade, frustração, desconfiança, submissão. Energia da Água. Modo Frígio (Ré Frígio em Fá Maior).
Desenvolver Paz.

Verde, Verde Musgo e Verde Amarelado:
Emoções de confiança, aprovação, generosidade, gratidão, empatia. Modo Dórico (Ré Dórico em Dó Maior).
Desenvolver Compreensão.

Amarelo, Amarelo Claro e Amarelo Ouro:
Emoções de alegria, otimismo, felicidade, serenidade, entusiasmo, esperança. Elemento Ar. Modo Mixolídio (Ré Mixolídio em Sol Maior).
Desenvolver Inspiração.

Laranja, Laranja Amarelado e Rosa Pêssego:
Emoções de afeto, interesse, curiosidade, amor, compaixão. Modo Jônio (Ré Jônio em Ré Maior).
Desenvolver Gratidão.

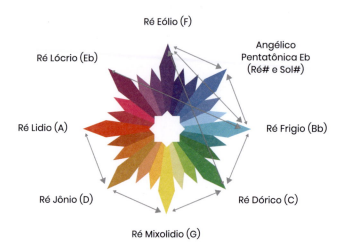

As improvisações tentam expressar as intenções das emoções, das cores e dos elementos usando modulações a partir das quintas.

Dimensão Interior

Muitas experiências podem acontecer numa sessão. Visões, sensações, sonhos, viagens, impressões. É importante ouvir os relatos e deixar a própria pessoa encontrar as relações e tirar seus aprendizados.

Numa experiência interna vi formas geométricas fractais ou holográficas, como se uma luz houvesse acendido no meu cérebro e, de olhos fechados, via formas multidimensionais se movimentando. Algo sutil me instruía: "observe, deixe as imagens irem e virem, não tente criar agora, apenas presencie a criação. Observe a relação entre texturas, materiais, cores, temas e os sons (os instrumentos sonoros, os ritmos, as palavras, as letras das canções, as melodias, harmonias, timbres, dinâmicas, estilos). Os sons criam formas. Existe uma dimensão interna mental da representatividade, onde estão armazenados todos os elementos que podem se agregar e se tornar criações artísticas. Observe os padrões de cada cultura humana, de cada região do planeta, de cada povo e época."

E eram incomensuráveis as formas que desfilavam na minha

percepção. Às vezes orgânicas, às vezes geométricas, com elementos mais eletrônicos, virtuais, tipo computadorizados, ou mais naturais. Parecia que eu havia entrado no mundo dos átomos, das moléculas, dos elementos e os observava como se estivesse vendo por um microscópio super potente numa sala de espelhos onde cada imagem se multiplicava em fractais. Cores luminosas apareciam, formas, olhos, peles e penas de animais às vezes eram temas. Outras vezes apareciam desenhos animados na minha tela mental. Eu estava dentro do arquivo universal dos elementos que compõem a criação. Dali, todas as ideias para criar qualquer obra são retiradas. Ali é a dimensão da mente humana. Me era pedido que eu perguntasse. A partir das minhas perguntas eu seria direcionada para as possíveis respostas. Era um mundo de possibilidades, de infinitas opções. Mas eu não conseguia transformar o que via, apenas observava e perguntava. As criações se faziam diante de mim. Soube que era uma aula, para que eu pudesse depois pegar alguns daqueles elementos e fazer minhas criações, quando retomasse o estado de consciência da minha pessoalidade.

A instrução me dizia: "foque a atenção no ponto central e deixe as imagens na periferia, você vai transpor dimensões." Então foquei no terceiro olho e fui entrando num ponto de profunda meditação, silêncio e plenitude. Senti um banho de energia permear todas as células do meu corpo trazendo um imenso relaxamento, prazer, plenitude, união. Várias vezes senti isso. Uma eletricidade percorria todo o corpo. Ao mesmo tempo, não me sentia no corpo. Minha consciência estava ampliada, não havia a sensação de ser habitar um corpo ou personalidade específica. Eu continuava sabendo da minha história, mas sabia que eu era algo muito mais amplo.

Então, dancei como se voasse, como se a música me dançasse. E senti o poder da criação da música. Soube que minha missão na terra está ligada à compreensão dos processos criativos da mente humana no campo das artes e da música. Tudo é vivo, sons e formas vivem na dimensão da representatividade. Vi as frequências vibratórias de algumas pessoas que buscam o bem se movimentando ritmicamente como se fosse uma película (um tambor sutil) e irradiando harmonia para o mundo. Percebi qual é nossa ajuda planetária.

Foi uma experiência riquíssima que continua reverberando e trazendo instruções, deixando-me imensamente grata e permeada pela palavra que se repete como um mantra dentro de mim: Consciência.

Síntese

Que este livro e estas cartas possam inspirar as pessoas a desenvolverem sua intuição, inspiração, imaginação, sonhos e conhecimento do valor dos símbolos, das representações artísticas e do contato com outras dimensões de realidade.

A consciência de que precisamos transformar nossas vidas no sentido de nos liberarmos de crenças arraigadas e valorizar os outros seres da forma como são, reconhecendo a importância de cada aspecto da diversidade da criação, respeitando cada escolha nos levará a transpor os véus da ignorância.

**Seguiremos afinados com a proposta
do Caminho Óctuplo:**

Compreensão correta: entender as coisas como elas realmente são, e com isso gerar uma motivação para conhecer a natureza, origem, cessação e o caminho que conduz à cessação do sofrimento.

Pensamento correto: não querer causar o mal (nem em pensamento), desenvolver bondade amorosa e altruísmo.

Fala correta: Abster-se de mentir, falar em vão, usar palavras ásperas ou caluniosas, e ao invés disso, falar a verdade, de forma construtiva, harmoniosa, conciliadora.

Ação correta: Promover a vida, praticar a generosidade e não causar o sofrimento através de práticas moralistas.

Meio de vida correto: Compreender e respeitar o próprio corpo, olhar os outros com amor, compaixão, alegria e equanimidade, praticar a ética, paz, esforço, concentração e sabedoria.

Esforço correto: Praticar autodisciplina para obter a quietude e atenção da mente sadia.

Atenção correta: Desenvolver consciência de todas as ações do corpo, sentimentos, fala e mente, através da contemplação da natureza verdadeira de todas as coisas.

Concentração correta: A partir da concentração, a mente entra em estado contemplativo de união com tudo e todos.

Mergulhe em si e sê atento ao silêncio,
ele contém os sonhos de paz e de bondade,
amor, respeito e gentileza.

Cláudia Miranda

Comecei a estudar música na infância, porém acabei me formando em arquitetura. Mais tarde, estudei harpa com Myriam Rugani e fiz a formação em Harpaterapia pelo International Harp Therapy Program com Christina Tourin e me graduei em Musicoterapia na UFMG. Trabalho com a Harpaterapia Holística, na qual uno Musicoterapia, Harpaterapia, Harpa Yoga, Terapia de Som. Sou autora do livro Tons de Cores e Sons – Matizes da Harpaterapia. O Oráculo da Harpa surgiu de pesquisas sobre as simbologias da harpa e a necessidade de ter um diagnóstico mais intuitivo para as pessoas que me procuram para uma intervenção breve com musicoterapia, harpaterapia ou terapia do som.

Email: claudiabm@gmail.com
Instagram: @claudiamharpa
Facebook: Cláudia Miranda (Harpaterapia)

Janaína Caldeira

Comecei minha carreira de ilustradora com livros infantis escritos pelos meus filhos Francisco e Ana. Sou dentista e trabalho com saúde púbica, mas desenhar e pintar sempre foram uma paixão. Cursei alguns anos de Artes Plásticas na Escola Guignard e nunca deixei a arte de lado. Trabalho principalmente com as técnicas de pintura em aquarela e lápis de cor. A harpaterapeuta Cláudia Miranda propôs o grande desafio de ilustrar o Oráculo da Harpa. Esta troca rica e prazerosa resultou num livro carregado de sentimentos e sutilezas.